少林武术精粹系列丛书

少林兵器对练（一）

德虔　德炎　编著

北京体育大学出版社

责任编辑：赵红霞
责任校对：潘海英
版式设计：李　鹤

图书在版编目（CIP）数据

少林兵器对练. 一 / 德虔, 德炎编著. -- 北京 :
北京体育大学出版社, 2022.1
（少林武术精粹系列丛书）
ISBN 978-7-5644-3595-0

Ⅰ. ①少… Ⅱ. ①德… ②德… Ⅲ. ①少林武术 - 器
械术(武术) - 套路(武术) Ⅳ. ①G852.2

中国版本图书馆CIP数据核字(2022)第007629号

少林兵器对练（一）
SHAOLIN BINGQI DUI LIAN(YI)　　德虔　德炎　编著

出版发行：北京体育大学出版社
地　　址：北京海淀区农大南路1号院2号楼2层办公B-212
邮　　编：100084
网　　址：http://cbs.bsu.edu.cn
发 行 部：010-62989320
邮 购 部：北京体育大学出版社读者服务部 010-62989432
印　　刷：北京昌联印刷有限公司
开　　本：880mm × 1230mm　　1/32
成品尺寸：148mm × 210mm
印　　张：1.5
字　　数：30千字
版　　次：2022年1月第1版
印　　次：2022年1月第1次印刷
定　　价：10.00元

前 言

武术作为中国的国粹，是中华民族传统文化的组成部分。家喻户晓的少林武术便是其中极具代表性的门类，是中国武术的重要象征。

我社与少林武术结缘已久，伴随着时光的流逝，有多种内容、多样组合、各种形式的载有少林武术的出版物，源源不断地从我社注入市场，为方兴未艾的少林武术热潮平添了更高的热度。可以说，少林武术图书一直与我社相伴相随，成为我社具有长期出版价值的图书门类。其中，少林武术图书的编纂者——已故的王长青（法号释德虔）先生功不可没。他经年累月锲而不舍，寻于寺院、觅于乡间，挖掘出大量尘封的少林武术资料，继而分门别类梳理、整饬成一册册书稿，并与我社携手努力，打造出独树一帜的武术图书板块，为我社的武术图书出版打开了新局面。

今天，在着力弘扬中华优秀传统文化，树立和增强文化自信的大背景下，我社将以往出版的少林武术书籍重新进行了编排，以全新的面貌推出“少林武术精粹系列丛书”，这是我社多年来少林武术出版情结的延续，是对积累和沉淀的少林武术资源的再一次整合与展示，更紧密契合了时代的要求。

通过这套书，读者可以研习刚柔相济、闪转腾挪的少林功夫，可以感悟其中凝结的中华智慧，可以领略武术文化的博大精深……这便是我社对这套书出版价值的期待。

目　录

少林六合枪

动作名称

预备势
1.乌龙入洞
2.侧耳听风
3.白云罩顶
4.白鹅伸项
5.夜叉探海
6.金鸡独立
7.玉女穿梭
8.青龙戏珠
9.凤凰夺窝
10.过步背枪
11.怀中揽月
12.花里藏枝
13.仙子折莲
14.舞花亮枪
15.巧刺眼沙
16.门里藏花
17.蜈蚣扑草
18.金鸡独立
19.指地为刚
20.出群孤雁
21.草里寻花
22.二郎担山
23.转身交枪
24.取花断根
25.大杀回马枪
26.破阴枪
27.弄雾成雨
28.绞肠沙
29.背后扎枪
30.金鱼穿仓
31.缩身格枪
32.舞花对枪
33.鹞子翻身
34.鲁班棚梁
35.青龙戏水
36.蝎子翘尾
收　势

动作图解

预备势

甲（黑鞋者）、乙（白鞋者）相距二丈（约6.6米），两脚八字站立，身体挺直；右手握枪，左手握拳；目视前方。（图1）

1.乌龙入洞

甲左转90度，左脚前上一步，两腿成左弓步，两手握枪，向前上方猛刺；乙左转90度，先以左弓步上挡枪，然后右脚前上一步，两腿成右弓步，同时沉枪头刺向对方右手。（图2）

图 1

图 2

甲左脚后退一步，两腿成右弓步，同时向左拨枪；乙左脚前上一步，两腿成左弓步，同时扬枪锋，向上刺向对方。（图3）

2. 侧耳听风

甲左脚前上一步，两腿成左弓步，两手向右滚枪，然后向上刺向对方；乙左弓步不变，抬枪挡住对方的来枪。（图4）

图 3

图 4

乙左脚向右倒一步，两腿成叉步，同时抽枪，扎向对方；甲两脚蹍地，身体左转，同时反把向外拨枪。（图5）

3.白云罩顶

乙两脚向左跳一步，两腿成纵马步，同时抽枪，向上猛刺；甲两脚迅速向后跳退一步，落成马步，两手用力向下压对方上刺之枪。（图6）

图 5

图 6

4.白鹅伸项

甲左脚前上一步，两腿成左弓步，同时抽枪前刺；乙左脚向右倒一步，两腿成叉步，急抽枪，拨对方的来枪。（图7）

5.夜叉探海

甲两脚踮地，身体右转90度，同时反枪下压对方的枪，然后随力两腿成右弓步；乙右脚向右移一步，然后举右臂沉左把，向前下方扎对方左脚脚面。（图8）

图 7

图 8

6.金鸡独立

甲左腿提膝，然后换把，抽枪下拨对方的枪（图9）；乙抽枪，两脚向左侧跳一步，落成叉步，同时出枪下刺对方右腿胫骨（图10）。

图 9

图 10

7.玉女穿梭

甲左脚向前一步落地，两腿成左弓步，同时两手握枪向前平扎（图11）；乙两脚向右侧跳一步，落成左弓步，同时两手换把，持枪由右向左横刺对方左腿胫骨（图12）。

图 11

图 12

8.青龙戏珠

甲身体向后仰，同时左脚后退一步，两腿成右弓步，两手滑把向后拨对方进犯之枪（图13）；乙急抽枪，然后左脚移于右脚前外侧，两腿成叉步，同时两手换把，抬枪向上刺向对方（图14）。

图 13

图 14

9.凤凰夺窝

甲两手握枪向外崩枪（图15）；乙右脚向右移一步，两腿成马步，然后两手换把，握枪向前猛刺向对方（图16）。

10.过步背枪

甲乙各自先抬左脚，后抬右脚，向前连上三步，然后分别两脚踞地，身体右转180度，成虚步；同时舞花，转身背枪，左掌同时向

前推出，掌心向前；目视对方。（图17）

图 15

图 16

11.怀中揽月

甲两脚向前纵跳一大步，两腿成右弓步，同时两手握枪向前猛刺；乙左脚向右前方上一步，两腿成左弓步，上体向左侧倾斜，同时向上挑对方的来枪，然后反把向前刺向对方。（图18）

图 17

图 18

12.花里藏枝

甲上体向右侧闪躲，持枪向下压住对方的枪；乙急抽枪，左脚移于右脚左后方一步，两腿成右弓步，同时两手滚臂滑把，向前偷刺对方左手。（图19）

13.仙子折莲

甲右脚后移半步，成右虚步，同时反腕、扭臂、滚枪，挡住对方来犯之枪；乙两脚前上半步，两腿成右弓步，同时抽枪、滚臂，刺向前下方。（图20）

图 19

图 20

14.舞花亮枪

甲乙各自两脚蹍地，身体左转360度，枪随身势顺舞花，两腿屈膝并步；然后左手松把，右手握枪，反腕向后，左掌同时向前推出，掌心向前；目视对方。（图21）

15.巧刺眼沙

甲两脚跳步向前，落成左弓步，同时抡枪一圈，然后向前刺向对方；乙左腿提膝，向右闪身，同时急滚臂向外拨枪（图22），然后左脚前上一步，两腿成左弓步，沉把下扎（图23）。

16.门里藏花

甲迅速向左闪身跳一步，两腿成右弓步，同时挡住对方的进枪；乙奋力抽枪，右脚向右前方移一步，两腿成马步，同时两手握

枪向前猛刺。（图24）

图 21

图 22

图 23

图 24

17.蜈蚣扑草

甲右脚迅速后退一步，两腿成马步，同时两手反把向外拨枪；乙左脚后退一步，上体右转，同时急抽枪，然后向前下方扎击。（图25）

18.金鸡独立

甲乙各以两脚为轴，身体右转90度，右腿提膝；同时舞半花，然后右手举臂，竖枪，左臂屈肘，左手握枪杆横推；目视对方。（图26）

19.指地为刚

甲左转90度，向前跳一步，两腿成左弓步，同时沉右臂，左手

接枪，挥臂向前猛刺；乙迅速右转90度，右脚向后落步，两腿成右弓步，同时向左闪身，用枪下扎对方左脚脚面。（图27）

20.出群孤雁

甲左腿提膝，同时两手反臂，倒竖枪外挡；乙屈臂抽枪，同时扬左把，右手协推，滚枪猛刺向对方。（图28）

图 25

图 26

图 27

图 28

21.草里寻花

甲左脚向后一步落地，两腿成右弓步，同时扬枪锋，然后两手反把，抵挡对方进犯之枪；乙两脚不动，急抽枪，然后滚枪直扎对

方。（图29）

22.二郎担山

甲乙各以两脚为轴，甲左转180度，乙右转180度，两腿成右弓步；同时左手松把，右手舞花，然后枪随身势举臂放于右肩上，左手变拳，向左后方展臂撩拳；目视对方，形如担柴望山。（图30）

图 29

图 30

23.转身交枪

甲乙各以两脚为轴，身体左转180度，两腿成左弓步；同时各自抡枪转身，合把向前上方对刺枪，使两枪相交；目视对方。（图31）

24.取花断根

甲两脚向前跳一步，落成左弓步，同时两手合把持枪刺向前上方；乙两脚向后跳退一步，两腿成左弓步，持枪向上抵挡。（图32）

甲左弓步不变，急抽枪，然后反把下扎（图33）；乙抬左脚向右旋跳，身体右转180度，大退一步，两腿成右弓步，托枪欲走（图34）。

图 31

图 32

图 33

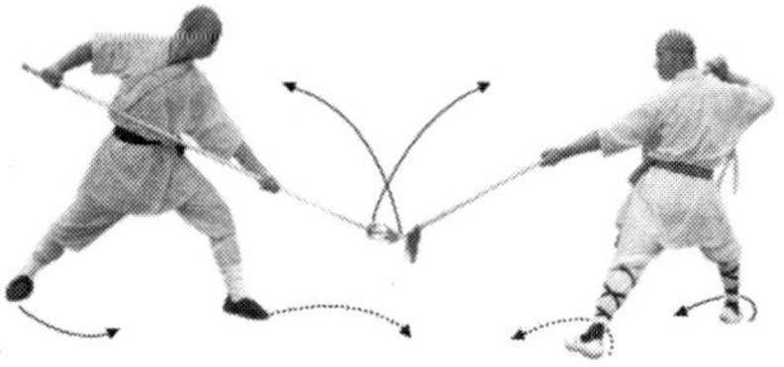

图 34

25.大杀回马枪

甲两脚向前跳一大步，两腿成左弓步，同时两手合把向前直刺；乙上身左转90度，两腿成右横弓步，左手向下滑把，右手合把，游枪猛扎向左前方。（图35）

26.破阴枪

甲右脚移至左脚前外侧，两腿成叉步，两手反腕，滚臂向外拨枪；乙抽枪，右脚前上步，两腿成右虚步，同时两手抬枪由后向前挑向对方。（图36）

27.弄雾成雨

甲左脚向左移一步，闪身躲枪，两腿成左虚步，然后举臂抬枪，刺向前上方；乙右脚后退一步，两腿成左弓步，同时反把、扭

身，斜刺向对方左侧。（图37）

图 35

图 36

28.绞肠沙

甲左脚后退一步，两腿成右弓步，同时沉臂，转身向下压枪，然后抽枪，再向上绞枪；乙左脚后退一步，两腿成右弓步，同时反把向外拨枪。（图38）

图 37

图 38

29.背后扎枪

甲抽枪，两脚蹍地，身体左转180度，两腿成左虚步，两手托枪，连上三步（图39）；乙两脚向前跳步，仍成右弓步，两手架枪，向前上方扎枪（图40）。

图 39

图 40

30.金鱼穿仓

甲两脚不动，上身右转90度，反臂格枪，然后两脚向左后方跳一步，身体左转180度，翻身后成左弓步，同时两手换把，握枪由右向左刺向对方（图41）；乙右脚向右侧移一步，上体向右闪躲，两腿成马步，同时起枪外格（图42）。

图 41

图 42

31.缩身格枪

甲乙各自收前脚，向后退一步，两腿成左虚步；同时舞半花，然后举臂向前斜格枪，枪锋斜向下；目视对方。（图43）

32.舞花对枪

甲乙各自左脚前上一步，两腿成左弓步；同时舞半花，向前上方绞枪；目视对方。（图44）

图 43

图 44

33.鹞子翻身

甲抽枪，右脚向右横跨一步，两腿成马步，同时两手反臂沉枪，向左下方猛刺；乙两脚向右后方转身跳步，落成右弓步，同时两手倒把，向前猛刺。（图45）

34.鲁班棚梁

甲左脚前上一步，两腿成左弓步，同时两手倒把，举臂横架枪杆，前挡对方的枪；乙右弓步不变，用力向下压枪，目视对方。（图46）

图 45

图 46

35.青龙戏水

甲两脚向后跳退一步，托枪成败势；乙持枪，上左脚追刺。（图47）

甲两手合把由右向左横枪斜上，向下方偷刺；乙左脚右移，闪

身成叉步，两手反臂格枪。（图48）

图 47

图 48

36.蝎子翘尾

甲抽枪，然后左脚向右移一步，同时托枪佯败；乙左脚向左移步，两腿成左弓步，两手换把向前追刺对方。（图49）

甲迅速向右转身，右脚前上一步，两腿成右弓步，抬枪上刺，左手向左上方撩撑；乙抽枪，闪身退步，两腿成左仆步，挡枪。（图50）

图 49

图 50

收 势

甲乙起身，收左脚，两脚八字站立，右手握枪竖于身体右侧，左手握拳收于腰间，身体挺直。（图51）

图 51

少林六合棍

动作名称

预备势

1.甲泰山压顶 乙向外拨棍

2.甲凤凰点头 乙托杆摆柳

3.甲上步挑棍 乙向外拨棍

4.甲向下压棍 乙拦棍打膝

5.乙上步扫风 甲纵跳躲棍

6.甲飞箭穿月 乙退步棚架

7.甲翻棍扫落叶 乙撑杆起跳躲

8.乙鸿雁展翅 甲退步棚架

9.乙上步穿梭 甲转身拨抵

10.甲乙转身托棍走

11.甲转身打头 乙转身拨棍

12.甲上步捣膝 乙退步拨棍

13.甲上步卸胯 乙退步转身

14.甲向下劈打 乙转身绞棍

15.乙跳步打头 甲收步拨架

16.乙劈棍横扫 甲撑杆跳躲

17.甲进步戳棍 乙斜身拨棍

18.甲上步戳膝 乙插桩挡棍

19.乙上步戳面 甲退步格棍

20.乙力劈华山 甲退步拨挡

21.乙上步中下刺 甲独立拨撩棍

22.甲乙上步舞花棍

23.甲乙金鸡独立势

24.甲上步戳膝 乙退步拨棍

25.甲向上挑棍 乙上拨云雾

26.甲上步劈棍 乙闪身挡棍

27.乙上步戳裆 甲退步下格

28.乙震脚扫打 甲纵跳抡棍

29.乙上步压顶 甲退步拨云

30.乙马步劈头 甲闪身扫打

31.乙转身风火棍 甲后跳步拨棍

32.甲跳步打头 乙退步架棍

33.甲戳棍通膝 乙提膝沉拨

34.乙反棍戳脚 甲反把拨棍

35.甲乙上步转身舞花棍

36.乙转身劈头 甲转身拨棍
37.乙上步中刺 甲转身格棍
38.乙上步戳膝 甲退步撩拨
39.乙转身穿枪 甲退步捣腕
40.甲转身扫腿 乙收脚格挡
41.乙上步穿喉 甲退步拨枪
42.乙转身戳脐 甲马步纵格
43.乙转身栏打 甲弓步拨棍
44.乙翻身打头 甲转身架梁
45.甲乙转身劈棍
46.甲乙霸王举旗
47.甲乙上步交锋
48.乙上步断胫 甲提膝端棍
49.乙跳步扫桩 甲转身格挡
50.乙踮步压顶 甲马步架梁
51.乙上步捣脚 甲退步拨棍
52.甲上步打头 乙退步拨云
53.乙反手撩打 甲退步拨棍
54.甲乙错身上步端棍走
55.甲乙转身交锋
56.甲上步打头 乙退步拨云
57.甲上步戳喉 乙退步格挡
58.甲进步戳腿 乙退步拨打
59.甲上步捣脚面 乙退步撩棍挡
60.甲上步挑月 乙退步拨云
61.甲上步中平刺 乙跳退招架势
62.甲上步挑月 乙退步拨云
63.甲上步戳棍 乙提膝挡格
64.甲乙舞花端棍走
收 势

动作图解

第一合（白鞋者为甲，黑鞋者为乙）

预备势

甲乙并步对面直立；右手握棍，左手手掌附于左大腿外侧，掌心向内；目视对方。（图1）

1.甲泰山压顶 乙向外拨棍

甲右脚前上一步，右腿屈膝，左腿蹬直，两腿成右弓步，同时右手提棍，由右向左舞花，左手接棍，两手握棍向前上方劈打，目视对方；乙右脚后退一步，两腿成左弓步，同时两手托棍向前，由左向右拨甲棍体，目视对方。（图2）

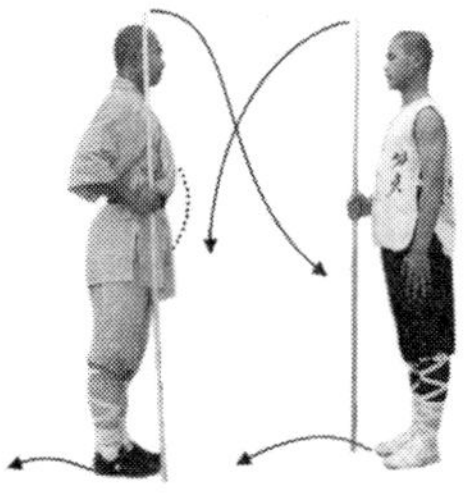

图 1

图 2

2.甲凤凰点头 乙托杆摆柳

甲两脚踩地，身体左转45度，两手握棍，由上向下劈打对方左脚方向；乙两脚踩地，身体稍向右转，同时两手握棍，由右向左拨棍，目视棍梢。（图3）

3.甲上步挑棍 乙向外拨棍

甲两脚不动，两手握棍由下向上猛挑；乙右脚前上一步，两手握棍向上向外拨棍，目视对方棍梢。（图4）

图 3

图 4

4.甲向下压棍 乙栏棍打膝

甲两脚不动，两手握棍由右向左拨棍，然后用力向下压；乙两手握棍由左向右拦打对方右膝，目视对方。（图5）

5.乙上步扫风 甲纵跳躲棍

乙左脚前上一步，与右脚并步，右手向下滑把，两手握棍，由左向右翻棍，然后由右向左扫打对方脚踝；甲迅速纵身跳起，两手收棍向右抡，目视乙头部。（图6）

图 5

图 6

6.甲飞箭穿月 乙退步棚架

甲两脚前落，成右弓步，同时两手握棍随身势向前上方戳棍；乙两脚迅速向后跳退一步，两腿成左弓步，同时两手向上移把，两手握棍，向前上方横棍棚架，目视对方。（图7）

7.甲翻棍扫落叶 乙撑杆起跳躲

甲左脚前上一步，与右脚并步，两手握棍由左向右翻，然向由右向左向下横扫对方两脚脚踝；乙两手向上滑把，两手握棍，向后撑杆起跳躲棍，目视甲头部。（图8）

图 7

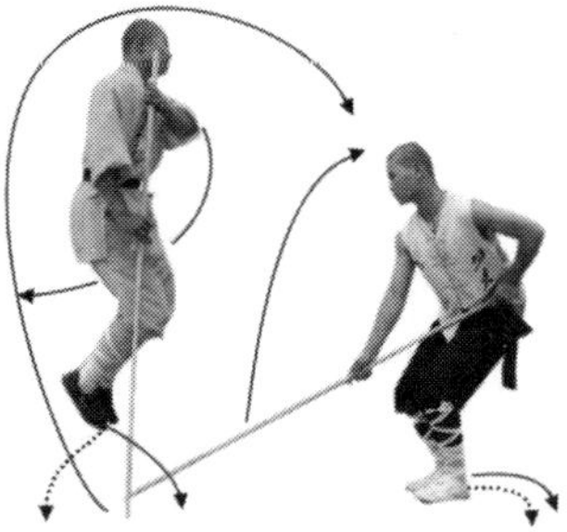

图 8

8.乙鸿雁展翅 甲退步棚架

乙两脚向前落地，成右弓步，同时左手脱把向后展臂撩掌，右手持棍向前上方戳刺；甲两脚迅速退步，成右弓步，同时两手移把端棍举臂向前上方棚架，目视对方。（图9）

9.乙上步穿梭 甲转身拨抵

乙左脚前上一步，同时两手端棍由右向左前方穿戳；甲两脚蹍地，身体左转90度，同时两手倒把、握棍，向后拨抵对方来犯之棍，

目视对方棍梢。（图10）

图 9

图 10

10.甲乙转身托棍走

甲右转90度，乙右转180度，各前上两步，两腿成右弓步；同时各自移把舞花，然后调把托棍。（图11）

11.甲转身打头　乙转身拨棍

甲左脚前上一步，两脚踹地，身体右转180度，两腿成右弓步，同时棍随身势抡两个舞花，然后左手滑把，两手握棍向前上方猛打；乙左脚前上一步，两脚踹地，身体右转180度，同时棍随身势抡两个舞花，然后两手握棍，向前上方由右向左拨对方来犯之棍，目视对方棍梢。（图12）

图 11

图 12

12.甲上步捣膝　乙退步拨棍

甲左脚前上一步，两腿成左弓步，同时棍随身势舞半花，然后换把向前下方捣对方膝部；乙右脚后退一步，两腿成左弓步，同时两手倒把，握棍向前下方由右向左拨对方来犯之棍，目视对方棍梢。（图13）

13.甲上步卸胯　乙退步转身

甲抬右脚前上一步，两腿成右弓步，同时两手握棍向前下方穿戳；乙左脚后退一步，两脚踉地，身体左转，成右弓步，同时棍随身势舞半花，然后两手握棍向右侧横拦挡，目视对方棍梢。（图14）

图 13

图 14

14.甲向下劈打　乙转身绞棍

甲两脚不动，舞半花，然后两手握棍向下劈打；乙右弓步不变，两手调把，抡两个舞花，然后两手握棍，向前下方由右向左拨棍，目视对方。（图15）

15.乙跳步打头　甲收步拨架

乙两脚向前跳一步，落成左弓步，同时两手向下滑把，两手握棍向前上方击打；甲迅速收右脚，右转身跳步，同时两手向下滑把，两手握棍，随身势绕头抡打一圈，然后拨挡对方来犯之棍，目视对方。（图16）

图 15

图 16

16.乙劈棍横扫 甲撑杆跳躲

乙迅速两脚起跳，落成右弓步，同时两手握棍，由上向下、由右向左劈扫；甲两手向前竖棍撑杆，两脚向上纵跳躲棍，目视乙头部。（图17）

17.甲进步戳棍 乙斜身拨棍

甲两脚向前一步落地，身体稍向右转，两腿成左弓步，同时两手倒把，向前上方戳棍；乙两脚蹍地，身体左转90度，上体向左侧倾斜，同时两手移把，向右后上方拨棍，目视对方。（图18）

18.甲上步戳膝 乙插桩挡棍

甲右脚前上一步，两腿成右弓步，同时两手握棍向前下方戳击；乙右脚后退一步，两腿屈膝，成马步，同时两手换把，舞半

花，然后向身体右侧竖棍，挡住对方戮击之棍，目视对方。（图19）

19.乙上步戳面　甲退步格棍

乙两脚踝地，身体左转90度，右脚前上一步，两腿成右弓步，同时两手倒把，向前戳击；甲右脚后退一步，两腿成左弓步，同时两手握棍向前格挡对方来犯之棍，目视对方。（图20）

图 17

图 18

图 19

图 20

20.乙力劈华山　甲退步拨挡

乙两脚不动，两手握棍由上向下猛劈；甲两脚不动，两手握棍，向前下方由左向右拨挡对方来犯之棍，目视对方。（图21）

21. 乙上步中下刺　甲独立拨撩棍

乙左脚前上一步，两腿成左弓步，同时两手换把，向前稍下

方刺棍；甲左腿提膝，同时两手调把向前拨对方来犯之棍，目视对方。（图22）

图 21

图 22

22.甲乙上步舞花棍

甲左脚向前一步落地，向前连走四步，边走边舞花；乙向前连走五步，边走边舞花。（图23）

23.甲乙金鸡独立势

甲两脚踉地，身体左转180度，左腿提膝，同时棍随身势抡两个舞花，然后倒把托棍，目视对方；乙左脚前上一步，两脚踉地，身体右转180度，左腿提膝，同时抡两个舞花，然后倒把托棍，目视对方。（图24）

图 23

图 24

第二合

依照第一合的动作，乙做甲的动作，甲做乙的动作。

第三合

24.甲上步戳膝 乙退步拨棍

甲左脚向前一步落地，两腿成左弓步，同时抡两个舞花，然后向后滑把，两手握棍向前戳对方膝部；乙左脚向后落步，两腿成右弓步，同时抡两个舞花，然后两手握棍向前由右向左拨打，目视对方。（图25）

25.甲向上挑棍 乙上拨云雾

甲右脚上步，两腿成右弓步，两手握棍由下向上猛挑；乙两手握棍由右向左向上拨棍，目视对方棍梢。（图26）

图 25

图 26

26.甲上步劈棍 乙闪身挡棍

甲左脚后退一步，两腿成右仆步，同时两手倒把向下猛劈；乙左脚前上一步，上体向后闪身，同时两手向上滑把，舞半花，然后

用棍由左向右拨挡对方棍端，目视棍梢。（图27）

27.乙上步戳裆 甲退步下格

乙右脚前上一步，两腿成右弓步，同时两手倒把，向前伏身，端棍向前戳；甲右脚后退一步，成左虚步，同时舞花，然后上身右转，握棍由左向右拨棍，目视对方。（图28）

图 27

图 28

28.乙震脚扫打 甲纵跳抡棍

乙左脚前上一步，震脚，与右脚并步，同时换把，两手握棍由右向左溜地扫打；甲两脚起跳，向上纵身避棍，同时抡棍欲打。（图29）

29.乙上步压顶 甲退步拨云

乙右脚前上一步，两腿成右弓步，同时两手换把，由前上方向下打；甲两脚向后落步，两腿成右弓步，同时舞半花，两手握棍向前上方由左向右拨棍，目视棍梢。（图30）

30.乙马步劈头 甲闪身扫打

乙左脚前上一步，两腿屈膝，同时舞半花，然后两手握棍由上

向前下方猛劈；甲两脚不动，上体向后闪躲，同时挑棍，然后向下由右向左扫打，目视对方。（图31）

31.乙转身风火棍 甲后跳步拨棍

乙两脚踮地，身体左转90度，右脚前上一步，两腿成右弓步，同时倒把舞花，然后握棍由右向左上方扇打；甲两脚向后跳退一步，两腿成右弓步，同时两手握棍向前由右向左拨棍。（图32）

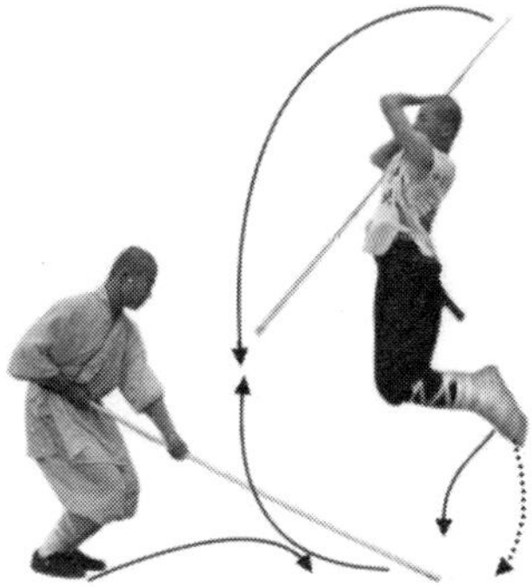

图 29

图 30

图 31

图 32

32.甲跳步打头 乙退步架棍

甲两脚向前跳一步，右脚落于左脚前，两腿成右弓步，同时

舞花，然后两手握棍向前上方猛打；乙右脚后退一步，两腿成左弓步，同时两手移把，端棍向前上方架挡对方来犯之棍。（图33）

33.甲戳棍通膝　乙提膝沉拨

甲两脚向前跳一步，两腿成右弓步，舞花，然后托棍向前下方猛戳；乙左脚后退一步，右腿迅速提膝避棍，同时滑把、沉棍、拨格，目视棍梢。（图34）

图 33

图 34

34.乙反棍戳脚　甲反把拨棍

乙右脚向前一步落地，两腿成右弓步，同时两手握棍向前下方猛戳；甲两脚不动，反把握棍，沉臂，向前下方由右向左拨棍。（图35）

35.甲乙上步转身舞花棍

甲乙各先左脚前上一步，后右脚前上一步，再左脚前上一步，同时边上步边舞花。（图36）

图 35

图 36

36.乙转身劈头 甲转身拨棍

乙两脚踬地，身体右转180度，两腿成右弓步，同时左右舞花，然后移把向前上方劈打；甲两脚踬地，身体右转180度，两腿成右弓步，同时左右舞花，然后移把，向前上方由右向左拨棍，目视对方。（图37）

37.乙上步中刺 甲转身格棍

乙左脚前上一步，两腿成左弓步，同时两手倒把，向前平戳；甲右脚后退一步，两脚踬地，身体右转90度，同时两手倒把，竖棍纵格。（图38）

图 37

图 38

38.乙上步戳膝 甲退步撩拨

乙右脚前上一步，两腿成右弓步，同时两手倒把，向前下方戳对方右腿胫骨；甲左脚移于右脚后外侧一步，两脚蹍地，身体左转90度，两腿成右弓步，同时舞半花，然后滑把由左向下撩拨。（图39）

39.乙转身穿枪 甲退步捣腕

乙左脚前上一步，两腿成左弓步，同时两手倒把，向前方刺棍；甲右脚后退一步，两腿成左弓步，同时舞半花，然后两手倒把向前下方刺棍，捣向对方左手手腕。（图40）

图 39

图 40

40.甲转身扫腿 乙收脚格挡

甲两脚蹍地，身体左转45度，同时两手倒把，握棍向前下方由右向左扫打；乙收左脚，向后退半步，落于右脚后，身体左转90度，两腿成叉步，同时两手倒把，握棍向右下方由右向左格棍。（图41）

41.乙上步穿喉 甲退步拨枪

乙右脚向右移步，两脚蹍地，身体右转90度，左脚前上一步，身体继续右转，两腿半蹲，同时倒把托棍向左侧穿刺对方；甲左脚前上一步，两腿成左弓步，同时舞花，然后反把拨对方来犯之招。（图42）

图 41

图 42

42.乙转身戳脐 甲马步纵格

乙两脚踝地，身体左转90度，右脚前上一步，两腿成右弓步，同时舞花，两手倒把，握棍向前刺；甲左脚后退一步，两脚蹍地，身体右转90度，两腿屈膝，半蹲成马步，同时舞半花，然后倒把竖棍纵格。（图43）

43.乙转身栏打 甲弓步拨棍

乙转体踮跳，左脚在前，右脚在后，落成马步，同时舞花，然后两手握棍由后向前拦打；甲两脚蹍地，身体左转90度，右脚前上一步，两腿成右弓步，同时舞花，然后滑把握棍向前由左向右拨打，目视对方棍梢。（图44）

图 43

图 44

44.乙翻身打头　甲转身架梁

乙两脚向左转体跳步，两腿成马步，同时两手倒把，握棍向右侧上方劈打；甲两脚向左转体跳步，两腿成马步，同时两手滑把，握棍向上横架挡住。（图45）

45.甲乙转身劈棍

甲乙各自两脚踞地，身体右转90度，向前连上三步，两腿成弓步，同时两手滑把，抡两个舞花，然后向前下方劈棍。（图46）

图 45

图 46

46.甲乙霸王举旗

甲乙各自左（右）脚前上一步，两脚踞地，身体左（右）转180度，右（左）脚向前半步，震脚，与左（右）脚并步；同时舞花，然后随身势向前举棍，棍梢向上；目视对方。（图47）

图 47

第四合

依照第三合的动作，乙做甲的动作，甲做乙的动作。

第五合

47.甲乙上步交锋

甲乙各自右脚前上一步，两腿成右弓步；同时舞花，然后两手滑把，握棍向下方绞棍；目视对方。（图48）

48.乙上步断胫 甲提膝端棍

乙左脚前上一步，两腿屈膝半蹲，同时舞半花，然后两手滑把，向左前下方戳棍；甲右腿提膝躲棍，同时两手移把端棍，目视对方。（图49）

图 48

图 49

49.乙跳步扫桩 甲转身格挡

乙两脚向前跳一步，右脚落于左脚前，两腿成右弓步，同时两手握棍由右向左扫打；甲右脚向后落步，两腿成左弓步，同时舞花，然后滑把握棍由左向右格挡。（图50）

50.乙踮步压顶 甲马步架梁

乙两脚向前踮跳一步，右脚落于左脚前，两腿成右弓步，同时舞半花，然后两手握棍向前劈打；甲迅速抬左脚，后退一步，落于右脚左侧一步，两腿半蹲，同时舞半花，然后两手移把向前上方横架上挡。（图51）

图 50

图 51

51.乙上步捣脚 甲退步拨棍

乙两脚不动，舞花，然后端棍向前下方捣击；甲右脚后退一步，两腿成左弓步，同时舞花，然后两手握棍向前下方由右向左拨棍，目视棍梢。（图52）

52.甲上步打头 乙退步拨云

甲右脚前上一步，两腿成右虚步，同时舞半花，然后向下劈打；乙左脚前上一步，舞花转身，然后两手倒把向前上方拨棍，目视棍梢。（图53）

图 52

图 53

53.乙反手撩打 甲退步拨棍

乙右脚前上一步，两腿成右弓步，舞半花，然后反把由右向左撩打；甲左脚前上一步，两腿成左弓步，同时两手向内移把，由右向左拨棍。（图54）

54.甲乙错身上步端棍走

甲乙错身，各向前连上四步，成虚步；同时左右舞花，两手倒把端棍；目视前方。（图55）

图 54

图 55

55.甲乙转身交锋

甲乙各右（左）脚后退一步，两脚蹍地，身体左转180度，再上右脚，两腿成右弓步；同时舞花，转身后两手倒把，向下方戳棍

梢。（图56）

56.甲上步打头 乙退步拨云

甲左脚前上一步，震脚，与右脚并步，同时两手滑把握棍，向前上方劈打；乙右脚后退一步，与左脚并步，同时两手握棍向前上方由右向左拨棍。（图57）

图 56

图 57

57.甲上步戳喉 乙退步格挡

甲左脚前上一步，两腿成左弓步，同时舞半花，两手倒把，握棍向前上方劈打；乙右脚后退一步，两腿成左弓步，同时舞半花，两手倒把，握棍向前上方由右向左格棍。（图58）

58.甲进步戳腿 乙退步拨打

甲向左转体，两腿成左弓步，同时舞花，然后两手倒把，向前下方戳；乙两脚不动，上身左转，两腿成左弓步，同时舞花，然后两手倒把，向前下方由左向右拨棍。（图59）

图 58

图 59

59.甲上步捣脚面 乙退步撩棍挡

甲左弓步不变，上身右转，同时两手倒把向前由上向下捣击；乙左弓步不变，上身右转，同时两手倒把向前下方由右向左撩棍。（图60）

60.甲上步挑月 乙退步拨云

甲右脚前上一步，两腿成右弓步，同时舞花，然后换把向前上方戳；乙左脚后退一步，两腿成右弓步，同时舞半花，然后两手倒把向前上方由右向左拨棍，目视对方。（图61）

图 60

图 61

61.甲上步中平刺 乙跳退招架势

甲左脚前上一步，同时舞半花，然后倒把向前刺；乙右脚急后退一步，两腿屈膝成马步，同时两手滑把握棍以待，目视对方。（图62）

62.甲上步挑月 乙退步拨云

甲右脚前上一步，两腿成右弓步，同时舞花，然后换把向前下方戳；乙左脚后退一步，两腿成右弓步，同时舞半花，然后两手倒把向前上方由右向左拨棍，目视对方。（图63）

图 62

图 63

63.甲上步戳棍 乙提膝挡格

甲左脚前上一步，两腿成左弓步，同时舞花，然后两手换把托棍向前猛戳；乙右腿迅速提膝，向后移身躲棍，同时舞半花，然后倒把握棍向前拨打。（图64）

64.甲乙舞花端棍走

甲乙错身，各向前连上三步，右脚落于左脚前，两腿成右虚步；同时左右舞花，然后两手端棍；目视前方。（图65）

图 64

图 65

收 势

甲乙各自右脚踏实，左脚前上一步，两脚踬地，转体180度，两脚并步，身体挺直；同时舞花、收棍，竖立于右侧，左手画弧，然后垂臂，左手手掌附于左大腿外侧；目视对方。（图66）

图 66